LETTRE

A

M. PAULIN PARIS,

MEMBRE DE L'INSTITUT.

« Ceux de qui la conduite offre le plus à rire
Sont toujours sur autrui les premiers à médire. »
MOLIÈRE, *Tartuffe*, I, 1.

« Et voilà comment M. Paulin Paris, à la faveur
d'un faux costume de moyen âge, s'est glissé
chez nous. »
(*Lettre de M. B. Guérard à son frère.*)

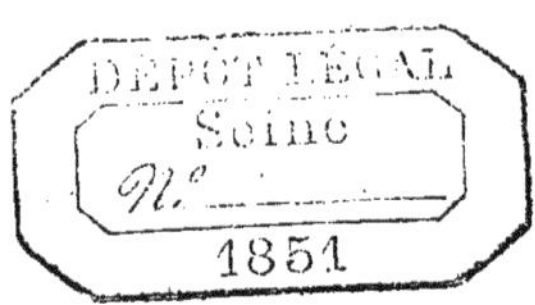

PARIS,

FIRMIN DIDOT FRÈRES, LIBRAIRES,
RUE JACOB, 56.

POTIER, LIBRAIRE,
QUAI VOLTAIRE, 9.

1851.

PARIS. — TYPOGRAPHIE DE FIRMIN DIDOT FRÈRES, RUE JACOB, 56.

LETTRE

A

M. PAULIN PARIS,

MEMBRE DE L'INSTITUT.

J'apprends, Monsieur, que vous faites paraître de mon édition du poëme de Roland une critique non moins considérable par le nombre des pages que par la qualité de son auteur. On dit en effet que cet examen ne remplira pas moins de sept feuilles d'impression, et conclut par déclarer l'ouvrage détestable. En tout cas, c'est une conclusion laborieusement amenée ; et je pourrais presque vous dire, comme la religieuse de Moret à madame de Maintenon : « Madame, la peine que prend une personne de votre rang de venir ici me déclarer que je ne suis pas fille naturelle du roi, me persuade, au contraire, que je le suis. » De même, Monsieur, en voyant un membre de l'Institut et de la commission de l'histoire littéraire, un savant célèbre et occupé comme vous l'êtes, se déranger si longuement de ses travaux pour critiquer les miens, je serais tenté d'attribuer à ma publication autant d'importance et de valeur que vous voulez lui en refuser. Un mauvais livre n'a pas besoin qu'on pousse si fort pour le faire tomber, et il ne tiendrait qu'à moi de prendre vos efforts mêmes pour un témoignage en ma faveur. Vous voyez que, sans le vouloir, vous m'induisez en tentation d'orgueil ; mais je n'y céderai pas : rassurez votre conscience.

Ce n'est pas, je le confesse, que je manque d'orgueil : quel homme, et surtout quel homme de lettres, en est dépourvu ? Mais c'est que je l'entends à ma manière. Mon but, en composant mes ouvrages, c'est, laissant à part tout calcul de vanité, d'être utile si je puis. En vue de ce résultat, et non de vains compliments, je travaille avec tout le soin dont le ciel m'a fait capable, et mon œuvre échappée des mains de l'imprimeur, je l'abandonne à sa fortune ; car j'ai foi dans l'opinion publique, non que sa justice soit toujours immédiate et complète : elle peut se faire attendre plus ou moins ; mais je suis convaincu qu'en fin de compte, elle ne fait jamais défaut. Si mon livre est mauvais, je ne veux pas d'un succès artificiel : on dira qu'il est mauvais, et j'aurai assez, pour me consoler, des égards auxquels a toujours droit un labeur consciencieux. Dans le cas contraire, il n'est point de cabale, si puissante et acharnée fût-elle, capable de me ravir l'estime définitive des gens honnêtes et des juges compétens à qui seuls je m'adresse ; je suis alors certain de l'emporter. Tout se réduit donc à une question de temps ; or, je n'ai point d'impatience.

J'ai quelquefois eu la curiosité de lire ce qu'on disait de moi et de mes ouvrages. Qu'ai-je trouvé la plupart du temps ? De la passion et des injures ; ce n'est pas la peine de s'en troubler. J'y ai renoncé d'autant plus volontiers, que l'effet des articles de ce genre dure au plus vingt-quatre heures : ce sont fusées volantes et détonations d'artillerie, auxquelles personne ne pense plus le lendemain : la mémoire s'en est évanouie en l'air avec le bruit et la fumée ; ou, si vous aimez mieux une autre comparaison, c'est la manne des Israélites qu'il fallait manger toute fraîche ; d'un soleil à l'autre elle était corrompue, et n'était plus bonne qu'à jeter.

Aussi j'ai pensé souvent, non sans un mouvement de gaieté intérieure, que si les auteurs de certaines diatribes amères ou moqueuses pouvaient savoir au vrai combien je demeure étranger à leurs attaques, à coup sûr ils ne prendraient pas tant de mal dans l'espoir de me faire un peu de peine.

Mais vous, Monsieur, c'est autre chose : vous êtes dans une catégorie à part. Il est de notoriété publique que, retiré dans votre cabinet solitaire, où vous vous absorbez dans la composition de ces beaux ouvrages base inébranlable de votre gloire, vous vivez en dehors de toute coterie ; vous habitez, comme les dieux d'Épicure, ces régions sereines où ne parviennent jamais les cris de l'école ni les mesquines agitations de la terre :

Edita doctrina sapientûm templa serena.

L'élévation de votre caractère ennemi de l'intrigue est aussi connue que l'impartialité de votre critique, la sûreté de votre goût, la circonspection de vos jugements et l'infaillibilité de votre érudition. Ce n'est pas vous qu'on verrait mettre votre plume ni votre titre d'académicien au service d'un ignoble petit complot, d'une rancune obscure, ou de vengeances qui ne prennent pas toutes leur source dans les inimitiés littéraires. Non, non : vous répudieriez tout haut ces motifs ; donc il est impossible qu'ils vous dirigent en secret : *Le pur amour du ciel est tout ce qui vous pousse.* Quand je dis du *ciel*, c'est pour ne pas rompre la mesure : cela veut dire de la philologie. J'en suis convaincu; et la preuve, c'est que je vous promets d'essayer de lire vos sept feuilles, encore que ce soit un morceau de dure digestion, sept feuilles, et d'un intérêt fort mince, puisqu'il n'y est question que de moi. Mais j'espère que vous aurez sauvé la monotonie du fond par les agréments de la forme. Enfin, j'essayerai : il faut bien faire quelque chose pour un membre de l'Institut!

En attendant, je viens vous proposer une observation préjudicielle, comme on dit au palais. Ce n'est rien de moins qu'une fin de non-recevoir contre tout votre travail, que je ne connais pas. Oui, j'ignore la valeur et la portée de chacune de vos remarques; mais j'en sais la conclusion générale, et contre cette conclusion je viens m'inscrire en faux, *avec tout le respect que votre nom m'inspire.*

Veuillez prêter attention à mon raisonnement; rien n'est plus simple.

Un écrivain (je ne vous le nommerai pas, afin de ne pas troubler la lucidité ni la liberté de votre jugement), un écrivain, dis-je, attaché précisément à l'étude des textes français du moyen âge, a publié un nombre de volumes remplis de contre-sens énormes, d'étymologies ridicules, de remarques fausses ou niaises, de solécismes et de barbarismes qui du temps de nos pères eussent valu le fouet à un petit écolier. Or tout cela ne l'empêche pas de jouir d'une grande célébrité, d'une réputation de savant, et de tous les honneurs et avantages qui s'y rattachent. Il siége à l'Institut; l'Académie des inscriptions lui confie un travail qui engage la gloire du corps, et par conséquent la gloire nationale; il est à coup sûr un des érudits pour qui vous avez le plus d'estime ; je dirais tout net celui que vous estimez le plus, mais ce serait le désigner trop ouvertement, et je veux avant tout fuir les personnalités. Pourquoi donc mes erreurs, en les supposant démontrées, me feraient-elles un tort que ne lui ont pas fait les siennes? Parce qu'elles sont plus graves, direz-vous? Vous allez voir si c'est probable ou même possible :

> Au moins, je vais toucher une étrange matière,
> Ne vous scandalisez en aucune manière.
> Quoi que je puisse dire, il doit m'être permis,
> Et c'est pour vous convaincre, ainsi que j'ai promis.

Je ne puis mieux faire que d'emprunter le langage d'Elmire, au moment où, comme elle, je cède à la nécessité de me défendre. Ce que je vais dire, je le savais depuis bien longtemps, et certes les occasions de le publier ne m'avaient pas manqué : je les avais toujours repoussées. Mais aujourd'hui que la question se pose sous la forme d'un impitoyable dilemme, aujourd'hui qu'on veut m'accabler en vertu d'un nom et d'un titre, ma discrétion se voit forcée dans ses derniers retranchements :

> Sans doute il est fâcheux d'en venir jusque-là,
> Et c'est bien malgré moi que je franchis cela ;
> Mais puisque l'on s'obstine à m'y vouloir réduire,
> . . . .
> . . . .
> Il faut bien s'y résoudre, et contenter les gens.
> Si ce contentement porte en soi quelque offense,
> Tant pis pour qui me force à cette violence :
> La faute assurément n'en doit point être à moi.

D'ordinaire ces tristes querelles sont entièrement stériles pour la science : je tâcherai qu'il n'en soit pas tout à fait de même en cette affaire. C'est bien raison que la science en retire quelque profit, puisqu'elle y

(8)

sert de prétexte. Allons , Monsieur, armons-nous de
courage, et entrons dans cet hôpital pour y étudier des
plaies.

J'aime la langue du peuple, parce qu'elle conserve en
ses profondeurs les origines du français et les traditions
de son génie. Là n'atteignent point les vicissitudes de la
mode, ni les réformes inintelligentes des pédants et demi-
savants. Là fleurissent encore dans toute leur séve ori-
ginelle des expressions depuis longtemps mortes dans le
vocabulaire des beaux parleurs, et qui remontent au douzième siècle, au onzième, plus haut peut-être. Une de
celles-là est le participe *battant*, employé comme adverbe, seul ou accolé à un adjectif : Nicolas avait un
habit *tout battant neuf*. Cette manière de s'exprimer
n'offre aucune obscurité à ceux même qui ne l'emploient
pas, et qui diraient, je suppose : L'habit de Nicolas
sortait de chez le tailleur. Ils n'ont que cette tournure,
et le peuple les a toutes les deux. J'écarte l'envie d'ana-
lyser ici cette façon de parler et d'en rechercher la source :
il suffit à mon objet d'établir que *battant, tout battant*
exprime l'idée de diligence, d'une action prompte et
immédiate à une autre , et que ce mot se rencontre ainsi
employé à chaque page de la version des *Rois :* « Jacob
enveiad ses messages *tut batant* après Abner. » (P. 132.)
— « Donc vint uns messages *batanz* à Joab , si li dist. »
(P. 92.) — « Lors envoierent un message *batant* au
roy. » (*Contin. de Guillaume de Tyr.*) Un éditeur qui
ne comprendrait pas cette locution (ce serait un pauvre homme!) n'aurait qu'à ouvrir Ducange , au mot
Batare ; il trouverait : « En son retor encontra li Rois
« un message qui a lui venoit *batant, hoc est celeriter,*

« *expedite̍*, *vulgò* en diligence, tout courant. » Notre savant, qui a fait une édition de Villehardouin après Ducange, n'a pas pris tant de peine ; et, rencontrant cette phrase : «Vint un messager *batant*,» il met en note : « *Batant*, c'est-à-dire *éperonnant*. » (P. 327). Vous l'entendrez tout à l'heure parler des contre-sens de Ducange.

C'est encore dans ce Villehardouin que je trouve les mots *heuses vermeilles*, bottes rouges, expliqués par *chaussure élevée*. Villehardouin raconte que Murzuphle, porté sur le trône de Constantinople, « chauça erramment les hueses vermeilles. » Sur quoi l'éditeur : « Revêtit aussitôt les houses vermeilles, *c'est-à-dire la chaussure élevée*, qui était la première partie du costume impérial. » (P. 287.) Cette association d'idées et cette traduction ne peuvent s'expliquer que par un souvenir de l'ancien régime, si cher à notre docteur : il s'est figuré les empereurs de Constantinople chaussés comme les marquis de Versailles du temps de Louis XV : élevés sur des talons rouges.

On retrouve partout dans ces travaux le même caractère, léger, rapide et superficiel : c'est au suprême degré de l'érudition aventureuse et improvisée. L'étymologie des mots, notre savant l'assied sur quelque rapport fortuit de la forme extérieure. Il ne se donne pas plus la peine de creuser la signification et de pénétrer jusqu'à la racine du sens primitif : la première interprétation venue, pourvu qu'elle s'adapte à peu près au passage qui l'occupe, il la saisit et la présente comme générale, suppléant aux preuves par ce mot *évidemment*. *Évidemment* est son adverbe favori : tout ce qui lui paraît vraisemblable au premier coup d'œil est pour lui l'essence même de la vérité. Jamais il ne s'inquiète si la même interprétation qu'il vient de déclarer *évidente*, appliquée à un autre passage, ne deviendra pas absurde; il ne cherche pas si loin ; il se contente de pourvoir au besoin du moment. Exemple :

Diva est l'exclamation *diable ! diavolo !*

> *Diva !* fait-il, qui t'a si bien vestis ?
>
> GARIN, II, p. 23.

Le commentaire : « *Diva*, espèce d'interjection qui « répond à notre *dis donc*, et qu'on peut expliquer, *dis*, « *valet.* »

C'est le comble du ridicule ! Et ce qu'il y a de pis, c'est que l'éditeur, plein de confiance dans ses divinations, n'hésitera pas d'écrire ailleurs en deux mots : *dis, va.*

Il expliquera de même *tour antive* par tour élevée, au lieu de *tour antique* (1) ; *anqui* (aujourd'hui), par *ici même*, et ailleurs par l'italien *anchè* (2) ; *eschevi* (svelte) ressemble à *échevelé*, il n'en faut pas davantage : « Berthe la blonde, l'*eschevie*, » c'est « Berte l'*aux longs cheveux* (3). » *Essart* est un terrain défriché, une partie de

---

(1). Romancero, p. 16. Cette erreur avait été relevée par M. Raynouard, ce qui n'a pas empêché de la reproduire obstinément dans *le Garin*, II, p. 122.

(2) C'est sur ce vers de la chanson d'Antioche : I, p. 28.

> Tous les verrés *anqui* ocire et detrencier.

Dans le même volume, à la page 127, un autre vers suggère une autre explication :

> *Anqui* nous gaberont Baivier et Alemant.

On lit en note : « *Anqui, même ;* c'est l'*anchè* des Italiens. » La vérité n'est pas ainsi mobile.

J'ai expliqué ailleurs (*Roland*, p. 156) que *ancui* (ou *anqui*) était *hanc diem*, comme *ancore, hanc horam ; huncan, hunc annum ; anquenuit, hanc noctem*.

(3) Berte, p. 122.

bois convertie en terre arable ; il mettra : « *Essart*, lieu couvert de bruyères (1). » Le sens n'y répugne pas absolument, il suffit. Qu'importe, en effet, que Berthe, fuyant à travers un essart, se sauve à travers un champ labouré ou à travers une bruyère? Cette imagination fougueuse ne se laisse pas arrêter une minute : il force les obstacles, il enfonce les portes, il tranche les nœuds gordiens par centaines. L'Alexandre des batailles n'était qu'un enfant, comparé à l'Alexandre de la philologie. C'est un homme qu'il est impossible de prendre au dépourvu : hésiter, douter, chercher, il ne sait ce que c'est. S'il rencontre ce vers :

« Dont oissiés mil grailes sonner à la bondie, »

Sonner à la bondie, dit-il, c'est *sonner à la fois* (2). Allez un peu lui dire que c'est sonner de manière à faire rebondir les échos, comme dans Virgile *colles clamore resultant*, vous serez bien reçu ! Il montera sur son trône académique pour déclarer à l'univers que vous n'y entendez rien, et vous signaler comme un faiseur de contre-sens.

Cependant s'il trébuche et tombe en ces mésaventures lorsqu'il s'agit purement et simplement de mots français, jugez ce qui lui arrive lorsqu'il se lance dans les langues mortes ! et son plus grand bonheur est de s'y lancer à corps perdu.

Par quelle faiblesse et quel travers d'esprit l'homme veut-il briller toujours par le côté où il est le plus terne, et se parer des qualités qu'il possède le moins ? Les philosophes ont beaucoup disserté sur cette manie, dont

(1) **Berte,** p. 37.
(2) **Chanson d'Antioche,** I, 32.

tout le monde pourrait citer des exemples. Le personnage qui nous occupe en allongeant cette liste ne la déparera point. Qu'on ne sache ni latin ni grec, qu'est-ce que cela prouve? tout au plus qu'on n'en a point appris. Où est la honte? Mais non : notre homme tient à prouver en toute occasion que, sans avoir étudié latin ni grec, il ne laisse pas de posséder à fond l'un et l'autre : il transporte aux membres de l'Institut le privilége célèbre des gens de qualité d'autrefois ; il veut nous faire accroire qu'il suffit à un ignorant d'enjamber le seuil du palais des Quatre-Nations , pour voir à l'instant même se renouveler sur sa tête le miracle de la Pentecôte. Si l'on admettait la proposition , les conséquences se trouveraient de nature bien souvent à compromettre le Saint-Esprit.

Cette constante préoccupation d'étaler fastueusement une science qu'on ne possède pas, amène les méprises les plus drôles. Semblable aux ictériques qui voient tout jaune, notre savant voit partout du latin , au point que son œil troublé ne reconnaît plus sa langue maternelle, et que le français lui apparaît déguisé en latin. Berthe prend son livre d'heures, salue l'autel, et *sort* promptement de la chapelle : « Devant l'autel s'incline, puis s'en *ist* errament. » C'est le verbe *issir*, d'où nous reste le substantif *issue*. Notre docteur y voit, qui le croirait? la troisième personne de l'indicatif du verbe *ire* : *s'en it*, s'en va. Il met en note : « *Ist*, va, (*it*) (1). »

Essart, qui est, comme j'ai dit, une terre récemment défrichée, avait fait le verbe *essarter* et le substantif *essarteur*, ou, par abréviation, *sarteur*. Après avoir cerné

____

(1) Berte, p. 148.

la forêt du Mans pour y retrouver Berthe, Morand vient
dire à Pepin : Il n'y a autour de la forêt âme qui vive :
chevalier ni bourgeois, ni paysan :

Sarteur, ne charbonnier, ne vilain ahanant.

Au lieu d'un *essarteur* ou bûcheron, devinez ce que
met ici notre illustre philologue ? un tailleur d'habits ! —
« *Sarteur*, dit-il, tailleur, ouvrier en coutures (*sartor*) (1). » On ne s'attendait guère à voir des ouvriers
en coutures sur la lisière d'une forêt ; il faut que la confiance dans l'étymologie rende à la fois bien aveugle
et bien intrépide !

Cet aveuglement est en effet quelque chose de prodigieux, et la manie du latin cause à notre homme de
véritables vertiges. Le participe *quis*, *cherché*, du verbe
querre ou *querir*, il le prend pour la seconde personne
(ou peut-être pour le participe passé) du latin *queo* !
Pierre l'ermite, dit la chanson d'Antioche, de retour à
Rome, trouve le pape qui lui demande ce qu'il vient
chercher :

La trova l'apostole, demanda qu'il a *quis*.

« Le pape lui demanda ce qu'il avait *pu* faire. C'est
« le verbe latin *queo*, comme dans Horace : Liber sum,
« dic, age, non *quis ?* (2) »

Que vous disais-je ? il y a infatuation de l'esprit et dépravation de l'organe visuel. Au lieu de penser au français *enquis*, *acquis*, *conquis*, aller chercher le verbe latin *queo !* Et comment la seconde personne de l'indicatif
de *queo* sert-elle aux Français de participe passé ? C'est

(1) Berthe, p. 142. *Sartor* avait fait *sartre*.
(2) Chanson d'Antioche, I, 18.

un mystère ; c'est du latin, il suffit. Et cette imposante citation d'Horace ! Comment résister à Horace ? Il faut avouer qu'Horace vient là bien à propos. Voilà ce que c'est que d'être nourri des classiques et de les savoir par cœur ; Petit-Jean n'avait pas meilleure grâce à citer Aristote et Harmenopul, *in prompt...*

En vérité, je plains ce pauvre homme dont la cervelle est ainsi tenaillée par le démon du latin ! « Plût à Dieu « l'avoir tout à l'heure le fouet, devant tout le monde, « et savoir ce qu'on apprend au collége ! »

Encore un trait.

Il n'y a peut-être pas dans les vieux textes une locution plus fréquente que celle-ci : *ad œps* ; elle revient à chaque page de la version des Rois, entre autres. *OEps* sort d'*opus*, comme *œpvre* d'*opera* ; *ad œps*, c'est-à-dire *à l'usage, au profit de*. On écrit indifféremment *œps, œs, eus* :

> Ad œs saint Pierre en conquist le chevage.
>
> ROLAND.

Il en conquit la capitation, les revenus, au profit de saint Pierre.

Dans le testament de lady Clare : « Je devise *al œps* « de mes chapellains deux calix d'argent, etc., » c'est-à-dire je lègue *à l'usage, au profit* de mes chapelains. Dans Garin (11-12) :

> Or si m'aidiez, par la vostre merci,
> Coment je aie Blancheflor au cler vis
> *A eus* mon frère, Guillaume de Monclin.

Cela signifie : Aidez-moi, je vous prie, à trouver moyen d'avoir la belle Blanchefleur au profit de mon frère, pour mon frère.

Voici maintenant la note de notre passionné latiniste :
« *A eus*, ce mot est un souvenir du latin *ad uxorem,*

« à femme. Il n'a jamais été français, mais on le disait
« par allusion aux mots prononcés par le prêtre dans
« l'office du mariage. »

Je vous vois, Monsieur, ébahi de toutes ces belles cho-
ses, et en vérité il y a de quoi ! Ce mot qui n'a
jamais été français, ce souvenir du latin, cette allusion à ces paroles du prêtre dans l'office du mariage,
et qui doivent être apparemment *sumere ad uxorem*,
prendre à femme, quelle ignorance épaisse ! mais en revanche quelles ressources dans l'invention ! quelle in-
trépidité dans l'affirmation ! On est confondu de cette ai-
sance et de ce grand air du Moncade de la philologie
française ; on ne sait à laquelle de ses qualités donner
le prix. Nos jeunes philologues doivent s'attacher à le
copier comme autrefois les jeunes gens étudiaient Fleury
dans les rôles de fats : *Sic itur ad astra*, c'est ainsi que
notre galant homme est arrivé à la gloire et à l'Institut.

Le latin, à vrai dire, ne l'y a pas conduit seul : le
grec y a contribué pour sa part ; car il est également
fort sur le latin et sur le grec, et le grec lui monte à la
tête comme le latin. C'est dans le grec qu'il a découvert
l'étymologie du mot *baragouin*, découverte qui lui reve-
nait de droit.

Jusqu'ici l'on avait expliqué la formation de *baragouin* par les deux racines celtiques ou bretonnes *bara*,
pain ; *gwin*, vin. La Tour-d'Auvergne, le père Grégoire de
Rostrenen, le père Thomassin, Ménage, dom Pezron et
les autres, tout le monde s'est trompé : *baragouin* vient
du grec βαράγγοι, les varangiens, corps de milice à
Constantinople. Comme les croisés ne comprenaient pas
les varangiens, ils ont appelé leur langage *baragoin* (1).

(1) **Notes sur Villehardouin**, p. 280.

Cela est fort ingénieux, n'est-il pas vrai ? Sur cet échan-
tillon vous pourrez apercevoir quel parti notre savant tire du grec. Mais n'embrassons pas trop à la fois ;
j'aurai quelque jour le plaisir de vous promener dans
son jardin particulier des racines grecques : *Ce sont
petits chemins tout parsemés de roses*. Pour aujour-
d'hui, ne sortons pas du latin, s'il vous plaît.

Ce latin perfide porte malheur à son adorateur fana-
tique : c'est une vraie fatalité ! Tel mot, vous dit-il,
vient du latin; il en vient effectivement, mais l'infor-
tuné prend toujours à côté de la véritable racine.
Veut-il se rendre compte de cette locution si commune :
a poi n'enrage vis ? il ne voit pas que *vis* est le latin
vivus; il se demande s'il n'y a pas là « un souvenir de
vix (1). » *Aouvrir* est visiblement *aperire* : aussi ne man-
quera-t-il pas d'expliquer *aouvert* par *adopertus*, qui signifie juste le contraire (2) ; *coi* est une transformation
de *quietus* : il le tire de *cautus* (3) ; de *stultitia* on avait
fait *estoutie*, avec le sens de *témérité* : notre homme va
chercher *astutia*, et interprète *malice* (4). Qu'y a-t-il de
plus simple que de faire venir *gravier* de *gravis ?* point
du tout ! *Gravier*, si vous en croyez le docte académicien,
vient de *gradus* (5), et cela à propos du mot *groe*, expliqué *gravier*, tandis qu'il signifie un enclos ou un
marais. Car l'étymologie fausse a cet inconvénient encore de précipiter tout de suite dans un contre-sens. De

(1) Garin, I, 31.
(2) Berte. Et il n'est pas possible de supposer une faute d'impression, car la
même étymologie revient en deux endroits : p. 7 et p. 127.
(3) Berte, p. 182.
(4) Berte, p. 3.
(5) Berte, p. 49.

dividere le bas latin avait fait *divisa*, et le français *devise*, qui est une fente, l'ouverture d'une robe ou d'un manteau. Partonopeus :

> Parmi le las, en la *devise*,
> Pert la blancor de la cemise.

Sa blanche chemise paraissait à travers l'ouverture lacée. Berthe avait aussi un mantel « *dont grant fut la devise*, » à large ouverture. Son malencontreux éditeur imagine que *devise* signifie *richesse* ; et, pour arriver à ce contre-sens, il forge le barbarisme *divitia* : « *devise*, richesse *(divitia)*, la richesse du mantel (1). »

Ces méprises terribles reviennent pour ainsi dire à chaque page de ce livre, qui a servi de levier principal pour forcer les portes de l'Institut. Je vous en donnerai encore un exemple, celui-ci tiré d'une publication historique autrement importante qu'un simple roman, et qui porte au frontispice, après le nom de l'éditeur : « DE L'ACADÉMIE ROYALE DES INSCRIPTIONS ET BELLES-LETTRES. »

On disait au moyen âge : C'est un berger, comme aujourd'hui nous disons : C'est un manant, c'est-à-dire un grossier personnage, un homme de rien ; mais le mot s'écrivait souvent *bregier*, la liquide transposée, comme nous la transposons encore dans *brebis*, qui s'est écrit *berbis*, conformément à la racine *vervex*. C'est une inconséquence amenée par l'usage, de dire des *brebis* et un *berger*, en proscrivant *berbis* et *breger*. On citerait bien d'autres exemples pareils ; mais passons.

Le comte de Béthune, s'irritant de la prétention du parti opposé au sien de posséder exclusivement la con-

(1) Berte, p. 47.

2

trée, s'écrie : Par Dieu, sire comte, je ne suis pas d'avis que vous soyez raisonnable, ni que vous ayez le droit de nous traiter comme des *manans* : — « Ne que vous mie ne deussiez telle chose requierre *a bregiers*, » — car c'est ce que nous serions, nous vos collaborateurs à la conquête, puisque vous voulez posséder les terres, les châteaux, toute la seigneurie, sans aucun partage avec nous. Nous n'avons donc plus qu'à nous préparer à travailler comme des vilains ! « par foi, dont n'y sai-jou « autre chose mais que nous nous aparellons por labou- « rer ainsi comme vilains. » (Villehardouin, p. 199.)

Le rapport des *bregiers* et des *vilains* est assez indiqué par le texte même. Le docte éditeur fait cette note : — « *A bregiers*, à voleurs, à larrons. *Bregier*, c'est un « querelleur, un faiseur de brigues, ou courses défen- « dues. » (P. 339.) Il passe à côté de *vervex*, et va chercher *briga* pour en faire sortir *bregier*, auquel il attribue le sens de *brigand*; en sorte que le comte de Béthune se qualifierait lui et les siens de voleurs, de larrons, de brigands, et dirait : Vous avez tort de demander pareille concession à des voleurs comme nous sommes.

Je demande à mon tour si c'était bien la peine de recommencer le travail de Ducange, et si de pareilles notes donnent le droit de tancer vertement à chaque page le précédent éditeur, l'auteur du Glossaire de la basse latinité ?

Si pour entrer à l'Académie des inscriptions il fallait faire un thème de cinquième, voire de sixième, notre glorieux académicien ne se fût jamais paré de ce titre. Croiriez-vous qu'il ne sait pas conjuguer le verbe *sum?* Pour vous en convaincre, prenez, s'il vous plaît, la peine

d'ouvrir le tome Ier de *la chanson d'Antioche ;* à la
p. 11, vous lirez que « *il ierent* est la forme perdue
DU FUTUR de l'auxiliaire *étre* (ERINT). »

Le vieux Regnier ne manquerait pas de s'écrier ici :

Quoi, Monsieur, est-ce ainsi qu'on frappe Despautère?

Le latin *erint* n'a jamais été au futur, si ce n'est peut-
être dans une grammaire inédite composée par l'illustre
philologue sur des données tout à fait neuves, et dans le
goût des théories de Sganarelle : *nous avons changé
tout cela!* En attendant l'apparition et l'adoption de
cette grammaire par le monde savant, ayez la charité
d'envoyer à l'auteur un rudiment de Lhomond, pour
lui éviter d'être sifflé des petits grimauds de collége.
Tandis qu'il y cherche à quel temps est *erint*, j'aurai le
loisir de vous montrer un autre exemple des égarements
où peut conduire la passion déréglée du latin.

Mustiaus, dans le vieux français, ce sont des mollets,
le gras des jambes. Ainsi ce vers de la chanson d'Antioche,

Uns povres gars qu'ot les mustiaus rostis,

signifie « un pauvre diable qui avait les jambes gril-
lées. » Comment croyez-vous, Monsieur, que l'amant du
latin comprenne ce vers? Vous ne le devineriez jamais :
Un pauvre diable qui rôtissait *des lapins!* C'est qu'il dé-
rive *mustiaus* de *mustela,* qui dans son imagination signifie un lapin. Il faut citer; la chose en vaut la peine :
« Pour *mustiaus,* je crois qu'il faut l'entendre, non pas
« comme le *mystile, pain de chien,* cité par les conti-
« nuateurs de Ducange, mais dans le sens de *lapins;* il
« viendrait alors de *mustela* (1). »

(1) Garin, II, 20.

2.

Vive l'érudition ! Sans elle, on n'eût jamais soupçonné que les lapins descendissent philologiquement des belettes.

> « Allez, souvenez-vous, vous et vos galopins,
> De mieux, à l'avenir, enfermer vos lapins! (1) »

C'est là le fort de notre docteur, de fonder la généalogie sur la ressemblance matérielle; et, en fait de ressemblance, il n'est pas difficile : il lui suffit du plus léger rapport; et ce rapport manquant, il se contente de l'ombre. *Mustiaus* du moins avait la première syllabe commune avec *mustela;* mais *oeps*, dont je vous parlais tout à l'heure, et qu'il a méconnu sous la forme *eus*, le retrouvant écrit *oes*, il le méconnaît encore, et, sans hésiter davantage, il le tire cette fois, non plus de *uxorem*, mais de *vota :* — « *Oes* est l'ancienne traduction du la- « tin *vota;* de là *souhait, subvota* (2). » Demandez-lui où il a vu *subvota?* il ne l'a vu nulle part, mais il le suppose. Il n'est jamais embarrassé de produire un faux témoin quand sa cause le demande : tout cela passe sur le compte de la barbarie du moyen âge, que ce procédé enrichit et calomnie à la fois. *Esbanois* vient d'*expanditus*, participe passé d'*expando* (3). Cicéron disait *expansus*, mais Cicéron n'entendait rien au moyen âge ni aux étymologies; notre savant a pris pour modèle et pour guide le célèbre *Janotus a Bragmardo*.

Encore si son libertinage ne se donnait carrière que dans ses notes, on laisserait tous ces mots de latin carnavalesque grouiller au bas des pages, et l'on passerait en levant les épaules et détournant les yeux; mais c'est que

(1) REGNARD, *le Bal.*
(2) Garin, I, p. 71.
(3) *Berte aus grans piés,* p. 86.

l'influence des notes remonte sur le texte, comme vous allez voir.

La méchante vieille Margiste, voulant effrayer Berthe sur le compte du roi Pepin, à l'occasion de la première nuit des noces, lui dit :

> Quant le roi vous devra *enquenuit* compaigner,
> Et faire la droiture qu'on doit à sa moillier,
> Paour ai ne vous tue!

Quand le roi cherchera *cette nuit* votre compagnie, etc.

Cet *enquenuit* apparemment embarrassait le docte éditeur. Il avait un moyen bien simple d'en sortir, c'était de ne rien dire du tout; mais pour un ignorant le moyen de se taire? Il a donc recours à son latin, et, sans se vanter toutefois de la violence qu'il fait subir à trois manuscrits, il imprime hardiment :

> Quant le roi vous devra *en connuit* compaigner,

et met en note : « *En connuit,* in connubio (1). »

Ainsi, voilà un texte défiguré, rendu méconnaissable, un barbarisme français, un contre-sens et une étymologie absurde, tout cela réuni sur un seul mot! Trouvez-moi rien d'aussi fort dans le Roland, si vous pouvez. Il est vrai que l'éditeur de ce Roland, n'étant pas de l'Institut, n'avait pas le droit de se permettre de telles licences. Il eût été dommage que ce trait de génie demeurât enseveli dans l'ombre où l'avait caché la modestie de son auteur. Et maintenant, lexicographes attentifs, sur la foi de cette autorité académique, recueillez soigneusement *connuit* formé de *connubium ;* et vous,

____

(1) Berte, p. 19.

philologues confiants, allez suer et pâlir sur les textes mis en lumière et *revus sur trois manuscrits* par cet éditeur scrupuleux (1)!

J'ai tout à l'heure dit un mot de son système des ressemblances : il faut y revenir, car il est trop ingénieux et trop fécond en beaux résultats pour n'y pas insister. Avec ce système, rien n'embarrasse plus : tout s'explique à la minute. *Adès* (maintenant, l'italien *adesso*), d'où vient-il? — Du latin *ad hæc* (2). — A merveille! *Endementiers* (pendant ce temps-là)? — Du latin *dùm intereà* (3). — C'est charmant! *Enveloppe?* —Du latin *vulpes*. «*Enveloppe,* robe faite de peau de renard » (4). — De mieux en mieux! Moi, j'aurais proposé *in* et *velum;* mais *vulpes* est bien plus près. Et *travail?* — Du latin *trabes.* — Pardon! il me semble que Cicéron disait *trabs?* — Du latin *trabes,* poutre, espèce de *tormentum* ou de machine de guerre (5).

(1) Cette décomposition d'*enquenuit* par *en connuit* rappelle le conte du Ménagiana sur un certain qui voulait toujours faire l'habile et le capable; lequel entendant chanter à l'épître *in diebus illis,* se pencha vers son voisin, et lui expliquait : *Indiæ,* ce sont les Indiens; *busillis,* je ne sais ce que c'est.

(MÉNAGIANA, I, p. 188, éd. in-8°.)

(2) Villehardouin, p. 285.

(3) *Endementiers* ou plutôt *endementres,* car l'autre est une forme altérée, est formé de trois mots : *en, de* et *mentre,* qui est l'italien *mentre.* Les Italiens emploient indifféremment le simple *mentre* ou les composés *di mentre, do mentre,* comme ils disent *dimane* et *domane.* Notre adverbe *main* (manè) a suivi la même route qu'*endementre : de main,* c'est-à-dire du matin, et *en demain,* d'où s'est formé un substantif *l'endemain,* par redoublement vicieux de l'article *le lendemain.*

(4) Chanson d'Antioche, II, p. 215.

(5) Ibid. I, p. 9. Le passage vaut la peine d'être cité *in extenso,* comme spécimen des notes à la fois érudites et badines de l'auteur: «*Traveil* et *traveil-* « *liés* avaient autrefois le sens précis de *tourmenter,* et l'on ne peut douter « qu'il ne soit venu de *trabes,* poutre, espèce de *tormentum* ou de machine de « guerre. On trouve même dans Horace *trabales* ou *clavos trabales,* instru-

— Homme vraiment prodigieux ! le français, grâce à votre invention, n'est plus que l'anagramme du latin, et la science des étymologies se réduit à un jeu qui se joue avec deux dictionnaires. Même il n'est pas indispensable que les prétendues racines offrent un sens complet : au besoin, l'on sous-entend un mot, le mot essentiel, n'importe. D'où vient *samit* (velours) ? C'était ici le cas d'invoquer le grec ἑξάμιτος (1), en bas latin *hexamitum*, en allemand *sammet*, en vieux français *samit*. Notre savant, qui prodigue le grec où il faudrait parler latin, en revanche distribue du latin quand il faudrait donner du grec. *Samit*, à son avis, vient de *setæ mixtus*. Et quoi *mixtus ? Aurus* apparemment, puisqu'il voit dans le *samit* « un fil tissu d'or et de soie (2). » Si ce n'est *aurus*, ce sera *filus ;* vous avez le choix. Les pédants trouveraient bien quelque petite observation à faire sur le genre ; mais si l'on écoutait ces gens-là, on n'aurait jamais fini. Ils épiloguent sur tout ! ils sont de force encore à remarquer que *seta* est en effet une-

« ment de torture. Ce n'est plus, certes, dans ce sens que nous aimons à répéter « avec Voltaire :

« Le travail est mon Dieu, lui seul régit le monde. »

Clavi trabales n'ont jamais été un instrument de torture : ce sont tout simplement de longs clous à fixer les poutres. Les écrivains latins, pour donner l'idée d'une chose arrêtée, immuable, disent volontiers qu'elle est attachée avec un clou à poutre, *clavo trabali* (cf. Pétrone, ch. 75). Horace, dans l'endroit auquel il est fait allusion (Od. I, 35, v. 18), met des clous à poutre dans la main de la figure allégorique de la Nécessité, parce que la Nécessité est inflexible. Ce travail, cette poutre, cette machine de guerre, cet instrument de torture, n'avaient donc rien à voir ici, non plus qu'Horace ni Voltaire : c'est un vrai coq-à-l'âne à l'occasion d'un contre-sens.

Vous noterez ON NE PEUT DOUTER ; l'auteur ne permet jamais qu'on doute lorsqu'il parle.

(1) Tissu à six fils. On disait de même : μονόμιτος, τρίμιτος, πολύμιτος.

(2) *Berte*, p. 39. Un fil tissu !

soie, mais la soie de l'animal qu'au village on appelle par euphémisme *un habillé de soies.* Celle-là ne se travaille guère avec l'or. Sur quoi un académicien rempli de charité excusait à l'Institut la méprise de son confrère en disant : Il aura pris un cochon pour un ver à soie (1).

Baucent désigne un cheval pie. D'où vient-il ? De *ambo-signatus* (2). *Bo-ci, bo-ça, baucent,* c'est manifeste : les chevaux pies sont de deux couleurs, *ambo.*

Et *abord ?* Vous croyez peut-être qu'il vient de *à bord,* comme *à plomb,* qui s'écrit aussi aujourd'hui tout d'un mot *aplomb ?* Vous croyez que ces substantifs se sont formés comme *l' à propos, l' a parté, l' à ban don,* etc.? Erreur! Cela serait trop simple et trop naturel.

Cherchons dans le latin ce qui peut matériellement ressembler au français *abord.* Je vais vous le dire, car vous êtes trop sensé pour le deviner jamais : c'est *ab oris.* Et comment cela ? Ovide n'a pas chanté de métamorphose plus étonnante. Écoutez parler notre académicien :

« Je hasarderai une opinion nouvelle : je dirai que
« *l'abord* a pu précéder *le bord* (c'est dire que le com-
« posé existait avant le simple, opinion en effet très-nou-
« velle et assez hasardée), et que dans ce cas on l'aurait
« formé sans intermédiaire de *l'ab oris,* si fréquem-
« ment employé par les auteurs, et plus encore, sans
« doute, par les causeurs de Rome. Dans le début de
« l'Énéide :

Arma virumque cano Trojæ qui primus *ab oris* :

« on pourrait plaisamment traduire : Ce Troyen qui de

(1) Lettre de M. B. GUÉRARD, p. 11.
(2) Garin, t. I, p. 66.

(25)

« *prime abord*, et mieux encore : Cet homme qui le
« premier *des bords* de Troie. »

Plaisamment est le mot : cette traduction serait en effet
fort plaisante, mais non pas pour le malheureux écolier
qui s'en aviserait, et qui la payerait sans doute d'un *pen-
sum* ou d'une retenue : elle n'est plaisante que venant
d'un membre de l'Académie, lequel, en cette qualité,
distribue des férules et n'en reçoit pas. Qu'il en méritât,
c'est une autre question : mais l'impunité lui est assurée
comme l'immortalité.

Où se trouve cette belle étymologie de *abord?* Dans un
livre qui se place par son titre en concurrence avec le vaste
ouvrage de l'Académie française, dans un *dictionnaire
historique de la langue.* Vous, Monsieur, qui avez si ga-
lamment défini l'histoire « un sonnet dont la Providence
« fournit aux écrivains les bouts-rimés qu'on remplit dans
« les âges suivants (1), » vous devez trouver qu'une histoire composée avec de pareilles sornettes se rapproche
furieusement de votre sonnet ! Pardon du jeu de mots :
il est de Molière, dans les *Précieuses ridicules.*

C'est en matière d'étymologies que *le plus souvent l'ap-
parence déçoit,* et que l'excès d'esprit est dangereux et
nuisible. Vous partez d'une idée juste et vraie, isolément
prise ; l'ingéniosité vous pousse à la rapprocher d'une
autre idée : le choc fait jaillir une conséquence fausse,
dont l'esprit qui éblouit vos yeux vous empêche d'apercevoir le ridicule. Exemple : je reconnais avec vous qu'en-
fermé dans une *gaîne*, on y serait à la *géne;* mais cela
suffit-il pour vous autoriser à dériver *gaîne* de *gehenna*,
et à prétendre qu'au fond *géne* et *gaîne* sont la même

____

(1) *Moniteur* du 16 novembre 1848, article sur l'Histoire de la conquête de
Naples, de M. de Saint-Priest.

chose (1)? Non : pour brillante que soit cette étymologie, elle ne me séduira point ; je n'admettrai jamais que lorsque l'Évangile menace de la géhenne ceux qui disent à leur frère *Raca*, il les menace de les mettre dans une gaîne. En tous cas, je vous invite à vous recueillir sur ce texte : vous en pourrez tirer quelque chose de meilleur qu'une étymologie.

Je ne puis m'arracher de ces étymologies, qui s'appelleraient bien, du titre d'une vieille comédie, *les méprises par ressemblance*. Je veux vous en dire une dernière qui me semble charmante ; c'est celle de *chagrin*. *Chagrin* est composé « des deux mots, chair, grains, ou chef, « grains : CAPUT GRAVIS (2). » Ah, *povero !* Que ne le faisait-il venir de *chat grave ?* Cela n'eût pas été plus invraisemblable que le reste, et du moins il eût évité de découvrir au public son infirmité ! Mais il a voulu parler latin, et le voilà !

Caput gravis ! Ah ! Monsieur, c'est ici que je vous supplie d'être discret, et, si vous avez reconnu le personnage, de ne pas divulguer son nom ; car il deviendrait aussitôt proverbial dans les classes, comme on a prétendu que le fut jadis le nom de Gail. On verrait griffonné sur tous les rudiments, à côté du fameux *Pierrot pendu*, le portrait de notre docteur affublé d'une formidable paire d'oreilles, et au bas : CAPUT GRAVIS !... Et que dirait de cette inscription l'Académie des inscriptions (3) ?

---

(1) Chanson d'Antioche, I, p. 47. *Gaîne* vient de *vagina*, comme de *regina*, *roîne*, et puis *reine*.

(2) Romancero, p. 6.

(3) En faveur des personnes moins versées dans l'étude de la philologie comparée, on croit devoir noter ici que le vieil adjectif français *grains* n'est nullement le latin *gravis*, mais qu'il sort de la racine saxonne *gramm*, sombre, mélancolique, dont les Allemands modernes ont fait *grimm* (fr. *grimace, se*

Qui le croirait cependant? Voilà le personnage à qui l'Académie des inscriptions a confié le soin de continuer ce vaste monument de l'érudition française, l'histoire littéraire des bénédictins. Quoi! c'est là un bénédictin du XIXe siècle? C'est là ce que nous possédons de plus rapproché de dom Rivet, dom Clément, dom Brial, etc. ? Non, rassurez-vous : mais c'est que l'Académie est allée choisir *Childebrand.* Certes, il est heureux pour l'honneur de la France que le travail du pseudo-bénédictin soit soumis, avant de paraître, à la scrupuleuse révision d'un directeur en mesure de payer pour deux bénédictins véritables. L'Académie, le jour où elle se donna un pareil collaborateur (je parle du *Pseudo*), dut être bien glorieuse et bien reconnaissante envers celui de ses membres qui fut la cause de cette précieuse acquisition! Il serait curieux de savoir combien on mit de temps à en découvrir la valeur réelle. A ce propos, il courut une anecdote dont je voudrais bien, Monsieur, apprendre de vous la vérité, car vous y étiez, je pense.

On raconte donc que le jour où le nouvel académicien lut pour la première fois à l'Institut un mémoire de sa façon (la bonté de la Providence permit que ce fût en séance particulière), c'était en été, les fenêtres ouvertes, pour la grande chaleur. Le néophyte débitait son œuvre avec des poumons de Stentor :

> Le ton dont il parla fit retentir les bois.

---

grimer), et les Italiens *gramo.* Les Provençaux disaient *grains*, et les Français *grains* ou *grans* :

> Per quieu chantarai alques *grains*.
> RAIMBAUD DE VAQUEIRAS.

> E quant l'oï, s'en fu *grains* e iriez.
> (*Rom. d'Alexandre.*)

Le verbe était *se gramoier*, se renfrogner.

Au beau milieu de la lecture, un des assistants, bien
connu pour ses habitudes circonspectes, se lève d'un
air inquiet, et, glissant le long du mur à pas silencieux,
va doucement fermer les fenêtres qui donnent sur le
quai. Tous les académiciens inclinèrent la tête en signe
de remercîment, excepté le lecteur, qui, enfoncé dans
l'enthousiasme de son érudition et dans l'extase de sa
gloire, ne s'aperçut de rien, et ignore peut-être encore,
à l'heure qu'il est, l'obligation qu'il eut ce jour-là à son
prudent confrère.

Mais il n'est précaution qui vaille : on ne peut pas
toujours tenir les portes et les fenêtres bouchées hermé-
tiquement. Un beau jour les accents de cette voix vi-
brante descendent dans la rue, et voilà tout de suite
l'Académie compromise !

Vous appartenez aussi, Monsieur, à cette illustre compagnie; et sans doute vous rougissez de voir l'honneur du corps entaché de la sorte par les témérités
ignorantes d'un de vos confrères. Mais patience, vous
n'êtes pas au bout ! je veux vous mettre à même de
présenter à qui de droit un bouquet assorti de fleurs d'é-
rudition ramassées dans les riches plates-bandes de ce
parterre. Ne craignez pas de l'appauvrir : il est inépui-
sable; mais nous saurons nous borner.

A propos de bornes, imaginez-vous d'où vient
abonné? Vous m'allez dire avec tout le monde qu'il
vient de l'adjectif *bon*, parce que l'essence de l'abon-
nement est de procurer à l'abonné une *bonification* de
prix. Vous n'y êtes pas. *Abonné* « a été formé de *borne*,
« que l'on prononçait *bonne* dans les provinces rappro-
« chées de la Loire. *Abonné* ou *aborné* répondait par
« conséquent au latin *ablimitatus.* » Toujours ce dic-

tionnaire historique! toujours ce latin funeste! Où trouve-t-on *ablimitatus?* Il n'est pas du temps d'Auguste, je l'avoue; mais sûrement vous le rencontrerez dans le même texte où existent *subvota*; le futur *erint;* les participes *expanditus* et *quis*; *sumere ad uxorem*; *mustela* signifiant *lapin*; *gradus*, gravier; *divitia*, richesse; *trabes*, machine de guerre; *vulpes*, enveloppe, et surtout *caput gravis*. Après ces indications, si vous ne mettez pas immédiatement le doigt dessus, vous n'êtes qu'un maladroit.

Et penser qu'un tel philologue opinait en face de Letronne, et lui tenait tête! et qu'il a le droit de s'intituler confrère de M. Hase, de M. Boissonade, pour me borner à ces deux noms!... Quelle démonstration du néant de la gloire! En voyant de quels éléments s'est formée celle de votre illustre confrère, n'êtes-vous pas tenté de lui appliquer le vers célèbre :

Si minus errasset, notus minus esset Ulysses.

A Dieu ne plaise que j'entreprenne de relever ici toutes ses erreurs ! il me faudrait des volumes. Il me suffit d'avoir mis sous vos yeux un petit recueil d'échantillons sur lesquels on peut juger la marchandise. Néanmoins, pour vous faire ample mesure et vous laisser sur la bonne bouche, vous en aurez encore deux : ce sont menues friandises dont on peut bien, vu l'abondance de la denrée, donner quatorze à la douzaine.

Le continuateur de Villehardouin, Henri de Valenciennes, met cette phrase dans la bouche de gens réduits à la dernière extrémité : « S'il nous font faire et « otrier par force chose que nous ne doions, en nom

« Diu! *La force paist le pré*, et l'on doit moult faire
« pour issir hors de prison. »

La force paist le pré, c'est-à-dire le ciseau nourrit le
pré ; *forceps pascitur pratum ;* le fer du faucheur fait
repousser l'herbe plus drue et plus vigoureuse. En
d'autres termes et sans métaphore, notre désespoir
même sera notre ressource ; poussés à bout, nous n'en
serons que plus terribles : *la force paist le pré*.

Voici maintenant l'explication de ce passage par notre
académicien :

« *La force paist le pré*. Ancien proverbe exprimant la
« folie de ne pas se soumettre à la nécessité : *la faux
« tond le pré* (1). »

C'est un contre-sens formel. Loin de conseiller la soumission à la nécessité, ce proverbe indique la révolte
comme dernier moyen de salut. Comment un savant si
profond dans la philologie française a-t-il pu traduire le
verbe *paistre* par le verbe *tondre ?*

Aux derniers les bons ! ce proverbe est plus clair aujourd'hui que le précédent, et j'espère, Monsieur, que
vous le trouverez tout à l'heure justement appliqué.

Il faut savoir d'abord que *mi* et *son* signifient *milieu*
et *sommet*. *Sommet* est un diminutif de *som* ou *son*. Le
lac de Granson est le lac du grand sommet ; on distingue
au mont Dor le grand son et le petit son, c'est-à-dire le
grand et le petit sommet. Je ne dis pas cela pour vous,
Monsieur, qui le savez de reste, mais pour ceux des
lecteurs qui sont moins consommés que vous dans notre
vieille langue.

Cela posé, on comprendra sans peine cette locution

______

(1) Villehardouin, p. 340.

à propos d'une difficulté comparée métaphoriquement à une montagne : Vous n'êtes n' à mi n' à son, c'est-à-dire, vous n'êtes ni au milieu ni au sommet; vous n'êtes pas plus avancé qu'auparavant, l'obstacle se dresse entier devant vous.

Villehardouin raconte que les barons ayant payé leur passage aux Vénitiens pour être transportés outre mer, le départ ne put s'exécuter, par l'impossibilité de payer où se trouvèrent les autres croisés : « Quant il orent « payé (les barons), si ne furent ne a mi ne a son. » Ils n'en furent pas plus avancés. Sur quoi le commentateur fait cette note réellement surprenante :

« *Si ne furent né à mi né à son* (1). C'est-à-dire ÉVI-« DEMMENT : ils ne furent d'accord d'aucune manière : « ..... *Ils ne purent trouver l'accord en mi ni l'accord* « *en sol.* » (P. 256.)

Pour le coup, voilà ce qui s'appelle un trait de génie ! Ne le pensez-vous pas, Monsieur, et qu'après celui-là il faut tirer l'échelle ? L'accord en mi et l'accord en sol, pour le milieu et le sommet ! l'accord en mi et l'accord en sol au douzième siècle ! Je ne voudrais pas manquer au respect dû à l'Académie en accolant au nom d'un de ses membres le nom d'un farceur; mais, à coup sûr, le grotesque père des saltimbanques, ayant à expliquer cet endroit de Villehardouin, ne s'en fût pas tiré par un quolibet d'invention plus bouffonne. Ce que c'est pourtant que le pouvoir d'un mot mis à sa place! Celui-là, produit sur le théâtre des Variétés, obtenait un succès de fou-rire universel; à l'Académie des inscriptions il est passé totalement inaperçu. Pourquoi cela?

(1) C'est un système obstiné de cet éditeur d'écrire partout *né, sé*, pour *ne, se*.

Voici un autre problème que je recommande aussi à votre sagacité. Assurément une seule de ces bévues suffirait pour tuer la plus robuste réputation de savant. Comment se fait-il donc que des centaines de bévues pareilles n'aient pas causé le moindre dommage à celle de l'illustre académicien, que dis-je? qu'elle en tire un nouveau lustre? En est-il de cela comme de certaines drogues pharmaceutiques dont un grain empoisonne, et qui, administrées à haute dose, n'opèrent plus que comme un léger purgatif, après lequel le tempérament se fortifie et la santé devient plus florissante que jamais? Notre homme en ce cas peut se promettre l'immortalité.

Quelle rage de parler à tort et à travers de ce qu'on ne sait pas, de vouloir suppléer brusquement aux lenteurs de l'étude par les caprices de la fantaisie, et d'imposer surtout ses visions comme des révélations et des oracles! *Évidemment*, toujours *évidemment!* Il croit qu'en disant *évidemment* il fera naître l'évidence. Et c'est avec de tels procédés qu'on arrive à mettre après sa signature cette formule imposante et majestueuse : MEMBRE DE L'INSTITUT (1); cette formule qu'on exploite auprès des libraires et du public crédule, et dont on écrase le pauvre monde; et qui paraît donner le droit d'insulter jusqu'aux noms les plus glorieux et les plus révérés dans la science. Ducange, par exemple, et dom Brial, savez-vous, Monsieur, comment ils sont traités à chaque page de ces belles notes sur Villehardouin? Écoutez : — « Ce qui rend Ducange « inexcusable (p. 303)... Ducange a eu grand tort...

(1) Tout le monde s'étonne qu'il ne mette pas son nom en latin, et à la suite *membrum Instituti;* cela viendra.

« Ducange a donc fait un contre-sens (p. 308)... Du-
« cange et dom Brial ont ici corrompu le texte, qu'ils
« ne comprenaient pas (p. 260)... Ducange et dom
« Brial, qui n'ont pas compris cette phrase, ont cor-
« rompu le texte de tous les manuscrits (p. 254)... Du-
« cange fait ici une note fort savante, mais peut-être
« trop confuse, où, pour parler comme aujourd'hui,
« trop *éclectique* (p. 260)... Ducange a donc fait un con-
« tre-sens (p. 308)......... Après tant d'étourderies de
« la part des éditeurs... (p. 303). » Ces éditeurs nom-
més trois lignes plus haut sont Ducange, et MM. Petitot
et Buchon. Ducange accusé d'ignorance, de falsification
de textes et d'étourderie, et par qui?... Et la société de
l'histoire de France a publié ces blasphèmes, et leur a
donné le passeport de son autorité ; et ce blasphémateur
est membre de l'Institut ; et dans cette Académie des
inscriptions, où Ducange n'est pas entré et où siége
arrogamment son pédagogue, personne ne s'est trouvé
sinon pour châtier comme elle le méritait, au moins
pour signaler cette ridicule outrecuidance et cette au-
dace sacrilége ! Quoi ! tout est couvert par ces mots :
membre de l'Institut ! Ces mots sont une formule d'ab-
solution universelle pour le passé comme pour l'avenir !
Il faut bien le croire ; il faut bien admettre cette explication du silence et de l'impunité ; autrement on serait
réduit à demander où s'est réfugiée de nos jours la
haute critique, la critique érudite, qui avait répandu
tant d'éclat sur la France au dix-septième siècle.

Imaginez en effet une pareille édition tombant aux
mains des Bayle, des Leclerc, des Secousse et des Bas-
nage : quelle indignation elle eût soulevée ! de quels
sarcasmes on eût poursuivi l'éditeur ! de quels mépris

on l'eût accablé! Il eût été, devant l'Europe savante,
attaché au pilori, son livre au cou. Eh bien, de nos
jours, cette édition a été louangée, et elle est restée le
principal titre de gloire de son auteur. C'est du reste,
j'en conviens, ce qu'il a fait de mieux.

Mais à qui demandé-je le respect des grands noms?
Celui qui traite si cavalièrement une religion, respec-
tera-t-il davantage ses pontifes et ses dieux? Ce serait
folie de s'y attendre. Vous savez, Monsieur, qu'en 1815,
la Restauration, aveuglée par l'esprit de vengeance,
songea à destituer Daunou de la place de garde général
des archives. Cette violence parut si brutale, si mons-
trueuse, qu'on hésita pendant plusieurs mois. M. Decazes écrivait alors : « Oter Daunou des archives, ce
« serait descendre Apollon du belvédère, de la barbarie
« toute pure! (1)» Voilà ce que pensait de la mesure pro-
posée le ministre favori de Louis XVIII, en 1815. Mais il se
trouva un autre ministre qui, ayant eu dans son exil des
obligations à Daunou, n'hésita pas à le frapper. L'acte
de pure barbarie fut accompli, et, malgré M. Decazes,
malgré M. de Barbé-Marbois, malgré M. Beugnot,
Daunou se vit destitué par M. de Vaublanc (2). Plus
tard, Daunou, rétabli dans ses fonctions par la révolu-
tion de juillet, eut à rendre compte, dans le *Journal des
Savants*, d'un livre de notre docte philologue. L'article,
grave et digne comme il convenait à l'auteur, conçu de
plus et rédigé avec des ménagements visibles, ne lais-
sait pas de signaler quelqu'une de ces lourdes fautes
qui donnent tout de suite la mesure d'un homme; par

---

(1) Documents biographiques sur Daunou, par M. Taillandier, p. 238.
(2) Voyez la curieuse lettre de M. de Vaublanc à Daunou dans l'ouvrage déjà
cité, p. 239.

exemple, le mot *concions* (*conciones*) d'un manuscrit,
restitué de cette manière, *con* [*di*] *tions* (1). Notre savant ressentit profondément cette blessure ; cependant,
comme il aspirait dès lors à l'Institut, il courba la tête
avec une apparente soumission. Mais quelques années
ensuite, en 1844, lorsque la tombe de Daunou s'était à
peine refermée, lorsque le deuil de cette perte était encore au vif dans le monde savant, lui, son collègue à
la commission de l'histoire littéraire, osa écrire cette
phrase dans une dissertation polémique signée en toutes lettres : « La Restauration eut, en 1815, LE BON ES-
PRIT D'ÉLOIGNER M. DAUNOU DES ARCHIVES (2). »

Il y a des faits qu'il suffit d'énoncer : un commentaire
ne ferait que les affaiblir. Je laisse, Monsieur, à votre
noble cœur le soin de qualifier ces paroles et cette conduite.

En avez-vous assez, Monsieur ? Les marques que je
vous ai fournies suffisent-elles à vous faire reconnaître
le savant dont j'ai voulu parler ? Si vous l'avez reconnu,
vous conviendrez que c'est un personnage très-impor-
tant, très-célèbre en France et à l'étranger ; en possession
de parler haut et de trancher sur les matières de philologie française. Vous serez également obligé, d'après ce
léger crayon de ses ignorances, ou de le condamner
avec moi, ou de m'absoudre avec lui ; car assurément
je ne suis pas tombé dans des fautes plus fréquentes ni
plus grossières. Si vous ne l'avez pas reconnu, je m'engage à vous expédier dans une prochaine lettre douze
autres de ses bévues, contre-sens, solécismes, barbarismes, etc. ; et après cela, douze autres, et ainsi de

(1) Article sur *les Manuscrits français*, février 1837.
(2) *Mémoire sur le cœur de saint Louis*, p. 43.

douzaine en douzaine, jusqu'à ce que vous vous déclariez satisfait et rassasié. Songez que je n'ai fait aujourd'hui qu'effleurer trois ou quatre volumes, et qu'il en a publié au moins une vingtaine. Il y a de quoi rire pour long-temps.

Voilà, Monsieur, pour être utile au public et bien mériter de la science, voilà celui que vous deviez prendre à partie. Un homme tel que je suis, sans nom, sans coterie, sans autorité, qu'importent ses bévues? Quand vous les aurez mises en lumière, vous serez bien avancé! Vous aurez démontré que je ne suis pas savant? Qui s'en soucie? Ce n'est pas moi, je vous jure. Je n'y ai jamais eu la moindre prétention. Je n'ai pas mis sur ma porte enseigne de bénédictin : si par hasard j'étais savant, j'exercerais donc sans brevet ni patente, cas grave, je l'avoue, et dangereux, mais infiniment moins, à mon avis, que d'exercer l'ignorance avec une patente de savant. C'est l'affaire de mon académicien; je crois qu'on peut sans crainte appliquer ici son adverbe favori *évidemment*. Il vous appartient, à vous, successeur de M. Raynouard, de venger l'honneur de l'Académie des inscriptions, en démasquant l'homme qui, selon l'expression même d'un de vos plus illustres collègues, s'est glissé parmi vous à la faveur d'un faux costume de moyen âge. Vous m'avez fait l'honneur de commencer par moi; j'espère que vous aurez l'équité de finir par lui.

Supposons, Monsieur, que ce fût vous (l'hypothèse est trop invraisemblable pour être blessante), suppo-sons que ce fût vous dont la conscience fût chargée de cet amas d'iniquités. Vous viendrait-il jamais à l'esprit d'attaquer ni moi ni personne? Iriez-vous d'une voix tonnante crier anathème sur votre prochain, sur celui qui, d'après vous-même, serait à double titre votre semblable? Non, sans doute. Loin de songer aux provocations et au scandale d'un défi public, vous vous sentiriez pressé de chercher l'ombre et le silence pour y pleurer en secret vos propres erreurs. Eh bien ! cette conduite, que vous interdiraient la prudence et le bon sens, est justement celle que choisit votre confrère, l'homme de qui je viens de vous entretenir. Celui-là, comme vous voyez, ne tient nul compte de la parabole évangélique, ou plutôt il l'applique à rebours, prétendant, à ce qu'on assure, me ruer autant de pierres qu'il a commis de péchés. En ce cas, je puis bien me préparer au sort de saint Étienne! S'il en était encore temps, je vous prierais de l'assister d'un bon conseil ; mais l'heure est passée, le sort en est jeté : soit, puisqu'il l'a voulu ! Ce bon conseil, dont il n'est plus à même de profiter, je vous le demande pour moi. Voilà donc cet homme qui, lorsque je passais tranquillement mon chemin, m'arrête, et m'entreprend devant tout le monde ; le voilà qui me lance à la tête une dissertation indigeste, violente, gonflée du fatras d'une érudition pour le moins équivoque, où ce qui apparaît de plus clair, c'est l'envie démesurée de me nuire.

A votre avis, suis-je tenu de le suivre pas à pas, et de barboter derrière lui dans son marécage? Ne serais-je pas autorisé plutôt à couper court par une réponse à peu près dans ce goût : « Qui êtes-vous, Monsieur, pour vous mêler de juger les autres? Vos titres imprimés ne montrent en vous qu'un parvenu de l'érudition. Vous êtes de l'Institut, c'est vrai : mais croyez-vous pour cela qu'on vous adore ? Vous êtes de l'Institut ;

mais comment y êtes-vous entré sans savoir ni le latin,
ni le grec, ni le vieux français, dont vous prétendez
vous constituer un fief? Par les mêmes moyens qui
vous avaient introduit à l'Académie, vous aviez réussi
à vous bâtir une fort jolie réputation en France et à
l'étranger; au lieu de jouir en paix de ces avantages,
vous avez eu l'imprudence d'élever la voix : vous avez
appelé ce léger choc, ce *micron ptaïsma* dont parle Dé-
mosthène, qui suffit à faire crouler avec fracas un écha-
faudage de renommée imposant au dehors, à l'intérieur
vermoulu. C'est pour vous et vos semblables qu'il avait
été écrit : *Nolite judicare, ut non judicemini* (1). Vous
avez oublié cette sage parole, si jamais vous l'avez connue et comprise; eh bien, tant pis pour vous! Je vous
annonce que dès cette heure votre ruine a commencé,
et que rien ne l'arrêtera. Vous avez provoqué la vérité :
la vérité est venue, vous ne parviendrez pas à la faire
reculer; ni vos ténèbres n'obscurciront sa lumière, ni
vos clameurs n'étoufferont sa voix. Ce qui se disait
de vous à l'oreille, sera crié sur les toits et sur les
places publiques. Vous resterez à l'Institut, puisque vous
y êtes; mais vous n'y apparaîtrez désormais qu'à ge-
noux, faisant amende honorable à vos confrères, le
rudiment au poing, tête nue, ou du moins avec un autre bonnet que celui de docteur. Et votre châtiment,
que vous avez cherché, sera de rester dans cette situa-
tion sous les yeux du public, *per omnia sæcula sæcu-
lorum, amen!* »

Ce langage aurait, ou je me trompe fort, l'approba-
tion de tous les savants ennemis de la fausse érudition

____

(1) Matthieu, c. 7, v. 1.

et du charlatanisme, par conséquent la vôtre, Monsieur. C'est parce que je vous estime tel, c'est-à-dire un savant ayant l'horreur du charlatanisme, que j'essayerai de lire vos remarques, d'en faire mon profit, et d'y répondre, s'il y a lieu. Tout cela est contre mon humeur, car au fond j'ai très-peu de goût pour la polémique ; mais quand on est attaqué, il faut bien tâcher de se défendre : j'obéis à la nécessité, c'est la loi naturelle, ce n'est pas ma faute.

Maintenant, Monsieur, il me reste à vous demander grâce pour la forme négligée de cette lettre. Pressé de mettre sous vos yeux et sous les yeux de vos lecteurs un argument que vous me permettrez d'appeler prophylactique, je l'ai rédigée à la hâte, en peu de jours, prenant les citations telles qu'elles s'offraient à l'ouverture du livre. Je n'ai pu avoir le temps, comme bien vous pensez, ni de les choisir, ni de les faire valoir par l'arrangement, ni de leur donner le lustre et le piquant dont elles seraient susceptibles sous une plume comme la vôtre. J'ai compté, de votre part, sur cette indulgence compagne naturelle du vrai mérite. Si vous avez la bonté de me l'accorder aujourd'hui, je vous promets que je m'efforcerai de faire mieux une autre fois.

Je suis, Monsieur, avec toute la reconnaissance due à l'honneur que vous m'avez fait,

Votre dévoué serviteur.

F. Génin.

Paris, le 20 mai 1851.

INDEX DES MOTS.

www.ingramcontent.com/pod-product-compliance
Ingram Content Group UK Ltd.
Pitfield, Milton Keynes, MK11 3LW, UK
UKHW022217070726
13613UKWH00004B/1724